L'amour aux temps du web

Arwa BEN DHIA

L'amour aux temps du web

Éditions Tsémah

ISBN : 979-10-92003-05-5

http://www.tsemah.fr/

À Lui.

«A los hombres les probaría cuán equivocados están, al pensar que dejan de enamorarse cuando envejecen, sin saber que envejecen cuando dejan de enamorarse.»

« Aux hommes, je leur prouverais combien ils se trompent en pensant qu'ils cessent d'être amoureux en vieillissant, sans savoir qu'ils vieillissent quand ils cessent d'être amoureux. »

Gabriel García Márquez

Promesse d'amour

Il lui dit :

Chère amie,
Votre douceur m'a ébloui.
Votre esprit m'a ravi.
Votre sensibilité m'a conquis.
De votre beauté je suis épris.
Ma charmante princesse,
Votre grâce est enchanteresse.
Oh ma belle Hélène !
Si j'étais encore jeune,
J'aurais été votre Pâris !
Sur un cheval blanc,
Je serais venu à Paris,
Afin de vous enlever,
Et de vous emmener
Vers des terres lointaines
Ornées de prés, de forêts,
Et de magnifiques plaines.
Notre vie aurait été pleine

D'amour et de poésie,
À faire blêmir d'envie !
Pour vous, j'aurais composé
Les plus beaux poèmes,
Et aurais traduit même
Toute langue de bohème !
Comme j'aurais voulu
Continuer à porter ce masque
De chevalier preux et romantique,
Rien que pour vous séduire.
Rien que pour vivre de l'illusion
Que vous puissiez m'aimer,
Comme je vous aime.
Mais maintenant
Que le masque est tombé,
Toute magie est finie,
Toute illusion est partie.
Je suis un vieux père de famille,
Ordinaire, épuisé, mais militant,
Ayant trois enfants :
Deux filles et un garçon.
Je souhaite que mes filles adorées
Aient plus tard votre charme et beauté.
Et permettez-moi enfin de vous avouer
Que j'envie à mourir
Celui qui saura vous conquérir.
Je le sens bientôt venir.
Attendez-le !
J'espère qu'il sera
Aussi merveilleux que vous !

Elle lui répondit :

Mon tendre ami,
J'admire votre amour de la vie,
Et la jeunesse de votre esprit.
Et quelle belle famille vous avez !
Masqué, je vous imaginais
Une comète bleue,
Un chevalier mystérieux.
Mais ce masque ne cache guère
La beauté sublime de votre âme
Qui a su conquérir la mienne à jamais.
Que je vous aime n'est point illusion.
En cette vie, impossible est notre union.
Mais comme tous les deux croyons
Intimement à la réincarnation,
Je suis sûre que, dans une autre vie,
Nos âmes se reconnaîtront.
Libellules, lapins, papillons ?
Chats, lamas, moutons ?
Humains, lions ou scorpions ?
Peu importe sous quelle forme
Nous nous aimerons.
Le même âge nous aurons.
Aux chutes d'Iguazu
Sera notre rendez-vous.
Vous viendrez me chercher
Sur votre cheval blanc.
De la nature splendide nous jouirons.
Nous parlerons espagnol tout le temps,
Et écouterons les meilleures chansons.

Au tango nous danserons,
À faire trembler le sol de passion.
Nous aurons trois enfants
Que nous baptiserons
Doña, Inés et Nur.
C'est ma promesse d'amour.
Dans cette autre vie,
La femme sera bien promesse tenue.
N'est-ce pas vous qui l'avez dit,
Hier même dans cette vie ?
Enfin, qu'il soit maudit
Celui qui a dit
Que les rêves étaient interdits !

*

Paris, le 7 février 2014

君生我未生，
我生君已老。
君恨我生迟。
我恨君生早

« Je n'étais pas encore née quand tu es né.
Tu étais déjà vieux quand je suis née.
Tu regrettes que je sois née tard.
Je regrette que tu sois né tôt. »

Poème chinois de la dynastie Tang (618 – 907)

Carta azul

Querido amigo,

Quiero escribirte.
Pero no sé que decirte.
Aquí me quedo
Confundida.
Ahogada
En un mar de llanto.
Llanto dulce, no amargo.
Ante el papel blanco,
Con mi pluma vacilante.
Te envio finalmente
Estas palabras azules
Que llevan mis pensamientos
Tan azules como mi alma.

L'amour aux temps du web

Te dejo sentir
Mi silencio emocionado
Y azul.

*

Paris, el 02 de marzo de 2014

Lettre bleue

Cher ami,

Je voudrais t'écrire.
Mais je ne sais que dire.
Ici, je reste
Tourmentée.
Noyée
Dans une mer de pleurs.
Pleurs doux, non amers.
Devant le papier blanc,
Je tiens mon stylo hésitant.
Je t'envoie finalement
Ces mots bleus
Qui portent mes pensées
Aussi bleues que mon âme.

L'amour aux temps du web

Je te laisse contempler
Mon silence touché
Et bleuté.

*

Paris, le 2 mars 2014

The Old Man, the Young Lady and the Sea

I am telling you a true story about an old man and a young lady who first met on the shore of a sea in the autumn of 2013. Where is the old man? In Tunis. How old is he? Forty eight. Not that old I know. Where is the young lady? In Paris. How old is she? Twenty seven. Not that young I know. Where is the sea? In their hearts. How old is it? Eternal. You don't believe me? After reading the story, you will.

Like in the chaos theory, it all began with a flapping of a butterfly's wings. A delightful creature, called Butterfly, hung on her wall a poem by Apollinaire where the latter upset the French dictionary, using a feminine article for the autumn. The young lady was then surprised at that "mistake".

She is actually an earthly creature, a cute rabbit who likes to mix with a heavenly crowd. Earlier in her life, she was asked to decide whether to stay on earth or become celestial. Since she knew she was a crazy passionate, she feared to fly too high and get burnt by the sun of all passions. Therefore, she preferred to remain on earth and learn more about the cruel and real world. Nonetheless, she managed to keep her wings and hide them in a safe place. Like any poet, she secretly spreads out her sore heavy wings at night and flies to the moon.

Butterfly explained it was a mistake made on purpose. The autumn can be no other than a woman. Then, a stranger intervened to confirm and added that it was just like in Hemingway's "The old man and the sea", where Santiago insisted on making the sea feminine in Spanish. The young lady was interested in this subtle detail she didn't notice, although she read the novel. She kindly congratulated him on this fine observation. To which he modestly replied it was due to his sensitiveness to Spanish. Sensitiveness to Spanish! She didn't say anything but, how glad she was to hear that! She fell in love with Latin American culture two years ago and has been learning Spanish on her own since then.

At the moment she started wondering who that lovely stranger was, he gently asked her if she would accept his friendship. Her heart beat. She wasn't accustomed to befriending strangers. Boys usually request her friendship in a coarse manner, praising her external beauty. She always rejects them, even though they might be young and handsome. Her secret wings make her aware that internal beauty is far more important. She felt intrigued and attracted by this total stranger whose face was even unknown. So, she accepted his friendship. He was grateful and told her that he liked her last poem. She was extremely pleased, as those who could understand her poetry were actually rare. Suddenly, she thought he could be the one she had been waiting for desperately: her prince charming. She tried to look for more information about him. All she could find was that he painted his house in blue and decorated it with amazing Arabic poetry. Then, she discovered his age and was disappointed. Well, alright, he was not the one. He was an old man with whom she was unlikely to fall in love.

Day after day, she gets to know more about the old man. They're both fond of the arts, especially poetry and music. He writes and translates stunning poems in Arabic, like no one ever did before. While reading him, she feels like going back to high school Arabic classes. Besides, he enriches her musical repertoire. She daily listens to the songs he picks like flowers from different gardens all over the world. He also likes her musical taste. They often offer unique pieces of music to each other. They also exchange jokes and have the same sense of humor. They're both enamored of life, nature, the moon and the sea. A score of years and thousands of kilometers separate them. However, they feel so close to each other simply by sharing the same interests. She can't believe there can be a man as romantic and tender. He is a blue flying being: a sensitive comet or a transparent dragonfly.

Once, she discovered a picture of him with his youngest daughter. She was happy and touched. When she told him, he said it was a pity that all the magic was gone then and that he wished he could have made the mystery about himself last longer in order to seduce her. He also complimented her on her beauty and confessed he couldn't cease admiring her pictures. Had another common man told her such things, she would have been offended and started to beware of this kind of vicious old men keen on young ladies. But deep inside her, she was persuaded and also charmed by the beauty of his soul. This little conversation inspired her immediately a poem she dedicated to him.

Once, he confessed her that he forgot his old age when he was with her. She didn't confess it, but she also forgets how old he is and what he looks like when she's with him. She's merely absorbed by the sheer beauty of his naked soul. Sometimes, he tries to cover it with ugly clothes: ugly songs or comments. She gets amused, laughs at these disguises and teases him. Now, it is too late for him to hide. She already knows him very well. She even confessed to him her desire to go with him to the sea. He was so moved that he first tried to disguise himself as usual:

— "Be careful! I'm a cannibal!

— I'm not scared of you old man.

— I'll protect you from the breeze, little one."

Yet, she wonders sometimes if this is not foolish and naïve trusting someone she barely knows. But there is a deep feeling prompting her to have confidence. She revealed him all her intimate poems. She didn't fear he would break her frail wings. She knows he would never hurt her. She opens up her heart to him and tells him detailed stories about herself and her family. Her messages get longer and longer, and she only notices that after writing them. She feels so happy when she glimpses his shadow.

Furthermore, she wonders whether it would have been the same if she had met him in the real world, and whether it would be still the same if she met him in the real world. Then, she doesn't care. She urges herself to stop asking stupid reasonable questions and simply continue living this blue dream till the end.

Indeed, this blue dream turned into a great source of inspiration. A miracle occurred to her. She gave birth to a short poem in Spanish: a "blue letter" for him. It's been her favorite baby, handwritten, signed and inserted as a bookmark in his favorite book that she bought for herself to read. In that poem, she was talking about her confusion and used the metaphor of being drowned in a sea of sweet tears. A few days later, he offered her a wonderful song with a video clip showing a girl dancing on a beach. He told her that girl was her seen through his eyes, and blessed her with the same prayer as her father's. Thus, after hearing this, the sea of sweet tears was no longer a metaphor for her.

A sweet war has been declared between them. They're soldiers, each one intending to kill the other by more love. Their weapons are drawn hearts, words, songs, and poems. She's convinced she will win the war, because she thinks that a woman's heart is more generous, especially in platonic love. But, even if he defeats her, she'll be pleased all the same, as she loves him so much. The fact is she is so overwhelmed with the intensity of her love that she can't imagine there can be a stronger one.

She really doesn't know in what manner she loves him. As a friend? As a lover? As an uncle? As a father? She gets bewildered trying to answer. But, why does she have to define how she loves him? She's in love with him and basta! It was unpredictable. Unexpected things are the most beautiful.

He asked her once:

— "My little girl, do you come from heaven or hell? You're an angel for sure.

— I come from none of them. I come from the sea, just like you. I am not an angel. I only try to feel God's Light in my soul and make it shine as much as I can. This Light lies in every soul."

She didn't dare to confess that when she was a child, she was convinced she was a prophetess just like the little girl in the movie "Persepolis". Her behavior has not been worthy of a prophetess throughout, but now she's determined to do as much good around her as possible. Nothing else matters in life. And one of the good deeds she has in mind is to transform the autumn of the old man into an Indian summer.

Thanks to him, her lonely Parisian life has had another fresh taste of sweet blue. She also discovered the color of her soul that is blue for sure. There is no doubt he is her soulmate. She's always dreamt of marrying the man that would be her soulmate. But now, she's sure she won't. Not in this current life anyways. No other soul can be more of a soulmate for her than the old man.

Now they're sailing together on the same boat. The sea has been calm and marvelous so far. They don't know their destination. They're just enjoying the journey, dazzled by the breadth of their sea.

*

Paris, March the 8th, 2014

"There are three sorts of people: those who are alive, those who are dead, and those who are at sea." *Aristotle*

Le vieil homme, la jeune femme et la mer

Je vais vous raconter une histoire vraie à propos d'un vieil homme et une jeune femme qui se rencontrèrent au bord d'une mer en l'automne de l'année deux mil treize. Où est le vieil homme ? À Tunis. Quel âge a-t-il ? Quarante huit ans. Pas aussi vieux que cela, je sais. Où est la jeune femme ? À Paris. Quel âge a-t-elle ? Vingt sept ans. Pas aussi jeune que cela, je sais. Où est la mer ? Dans leurs cœurs. Quel âge a-t-elle ? Éternelle. Vous ne me croyez pas ? Quand vous aurez fini de lire l'histoire, vous me croirez.

Comme dans la théorie du chaos, tout a commencé avec un battement d'ailes de papillon. Une délicieuse créature, nommée Papillon, accrocha sur son mur un poème d'Apollinaire où le poète contraria le dictionnaire français en utilisant un article féminin pour l'automne. La jeune femme était alors surprise de cette « faute ».

La jeune femme était en réalité une créature terrestre, un lapin mignon qui se plaisait à côtoyer une foule céleste. Avant dans sa vie, elle devait faire le choix de rester sur terre ou de devenir céleste. Comme elle savait qu'elle était une folle passionnée, elle craignait de voler trop haut dans le ciel et de se faire brûler par le soleil de toutes les passions. Elle préféra donc rester sur terre et apprendre davantage sur la cruauté du monde réel. Pourtant, elle réussit à garder ses ailes et à les cacher dans un endroit sûr. Et comme tout poète, la nuit, elle déploie secrètement ses lourdes et douloureuses ailes et s'envole vers la lune.

Papillon expliqua que c'était une faute faite exprès. L'automne ne peut être qu'une femme. C'est alors qu'un étranger intervint pour confirmer et ajouter que cela était exactement comme dans « Le vieil homme et la mer » de Hemingway, où Santiago insistait à féminiser la mer en espagnol. La jeune femme s'intéressa à ce détail subtil qu'elle n'avait pas remarqué, bien qu'elle eût lu le roman. Elle félicita l'étranger de son observation sagace. Ce à quoi il répliqua modestement que cela était dû à sa sensibilité à l'espagnol. Sensibilité à l'espagnol ! Elle ne dit rien, mais comme elle était ravie d'entendre cela ! Il y a deux ans, elle est tombée amoureuse de la culture de l'Amérique latine, et depuis, s'est mise à apprendre l'espagnol toute seule.

Au moment où elle commença à se demander qui était cet adorable étranger, il lui demanda gentiment si elle accepterait son amitié. Son cœur battit. Elle n'était point accoutumée à se lier d'amitié avec des inconnus. Les garçons lui demandent souvent d'être leur amie d'une manière grossière, faisant l'éloge de sa beauté extérieure. Elle les rejette toujours, quoiqu'ils puissent être jeunes et beaux. Ses ailes secrètes la rendent consciente que la beauté intérieure est beaucoup plus importante. Elle se sentit intriguée et attirée par ce parfait étranger dont même le visage était inconnu. Alors, elle accepta son amitié. Il lui en fut reconnaissant et lui dit qu'il avait beaucoup aimé son dernier poème. Elle en fut extrêmement ravie, car ceux qui pouvaient comprendre sa poésie étaient bien rares. Soudain, elle pensa qu'il pouvait être celui qu'elle attendait désespérément : son prince charmant. Elle essaya de se renseigner davantage sur lui. Tout ce qu'elle put trouver était qu'il peignait sa maison en bleu et la décorait de magnifiques poèmes arabes. Et elle découvrit son âge et fut déçue. Bon, d'accord, ce ne pouvait pas être lui. Il était un vieil homme dont elle ne risquait pas de tomber amoureuse.

De jour en jour, elle a pu le connaître mieux. Tous les deux sont férus d'arts, et surtout de poésie et de musique. Il écrit et traduit de superbes poèmes en arabe, comme personne ne l'avait jamais fait auparavant. En le lisant, elle a envie de revenir au lycée, suivre les cours d'arabe. De plus, il enrichit son répertoire musical. Chaque jour, elle écoute les chansons qu'il cueille telles des fleurs de différents jardins du monde. Lui aussi aime son goût musical. Ils s'offrent souvent des morceaux uniques. Ils échangent des blagues et ont le même sens de l'humour. Tous les deux sont amoureux de la vie, de la nature, de la lune et de la mer. Une vingtaine d'années et des milliers de kilomètres les séparent. Pourtant, ils se sentent si proches l'un de l'autre, simplement en partageant les mêmes centres d'intérêt. Elle ne peut croire qu'il puisse y avoir un homme aussi tendre et romantique. C'est un être bleu : une comète sensible ou une libellule transparente.

Une fois, elle découvrit une photo de lui avec sa plus jeune fille. Elle en était contente et émue. Quand elle le lui apprit, il lui dit que c'était bien dommage, car toute la magie était alors partie et qu'il aurait souhaité que le mystère sur sa propre personne eût pu durer plus longtemps, dans l'espoir de la séduire. Il loua également sa beauté et lui confia qu'il ne pouvait cesser d'admirer ses photos. Si un autre homme ordinaire lui avait avancé de tels propos, elle se serait sentie offensée et aurait commencé à se méfier de ce genre d'hommes âgés, friands de jeunes demoiselles. Néanmoins, bien au fond d'elle-même, elle était persuadée et aussi charmée de la beauté de son âme. Cette brève conversation lui inspira immédiatement un poème qu'elle lui dédia.

Une fois, il lui avoua qu'il oubliait son âge quand il était avec elle. Elle ne le lui avoua pas, mais elle aussi oublie quel âge il a et à quoi il ressemble quand elle est avec lui. Elle est seulement absorbée par la beauté pure de son âme nue. Parfois, il essaie de vêtir son âme d'habits laids : de laides chansons ou de laids commentaires. Elle rit de ces déguisements et le taquine à propos de cela. À présent, il est bien trop tard pour lui de se cacher ainsi. Elle le connaît déjà très bien. Elle lui avoua même son désir d'aller avec lui à la mer. Il en était tellement touché qu'il tenta de se déguiser comme d'habitude :

— « Prends garde ! Je suis un cannibale !

— Je n'ai pas peur de toi, mon vieux !

— Je te protègerai de la brise, ma petite. »

Cependant, elle se demande parfois si ce n'est pas fou et naïf de se fier à quelqu'un qu'elle connaît à peine. Mais il y a en elle un sentiment profond qui l'incite à avoir confiance en lui. Elle lui révéla tous ses poèmes intimes. Elle ne craignit pas qu'il rompît ses ailes fragiles. Elle sait qu'il ne la blessera jamais. Elle se confie à lui et lui raconte des histoires détaillées sur elle et sa famille. Ses messages deviennent de plus en plus longs, et elle ne s'en rend compte qu'après les avoir écrits. Elle se sent tellement heureuse quand elle entrevoit son ombre.

Par ailleurs, elle se demande si cela aurait été pareil si elle l'avait rencontré dans le monde réel, et si cela resterait encore pareil si elle le rencontrait dans le monde réel. Puis, elle s'en moque. Elle s'exhorte à arrêter de poser des questions stupides et raisonnables, et de continuer simplement à vivre ce rêve bleu jusqu'à la fin.

En effet, ce rêve bleu s'est mué en une grande source d'inspiration pour elle. Un miracle se produisit. Elle donna naissance à un poème court en espagnol : une « lettre bleue » pour lui. C'était son bébé favori, écrit à la main, signé et inséré comme marque-page dans le livre favori du vieil homme, qu'elle s'acheta pour elle-même à lire. Dans ce poème, elle parlait de sa confusion, et employa la métaphore d'être noyée dans une mer de douces larmes. Quelques jours plus tard, il lui offrit une merveilleuse chanson avec un clip vidéo montrant une fille dansant sur une plage. Il lui dit qu'à ses yeux, cette fille était elle, et il la bénit de la même prière que celle dont la bénissait son père. Alors, après avoir écouté ceci, la mer de pleurs doux n'était plus une métaphore pour elle.

Une douce guerre s'est déclarée entre eux. Ils sont deux soldats, chacun voulant tuer l'autre par plus d'amour. Leurs armes sont des cœurs dessinés, des mots, des chansons et des poèmes. Elle est convaincue de remporter la guerre, parce qu'elle pense que le cœur d'une femme est plus généreux, surtout en amour platonique. Mais même s'il arrive à la vaincre, elle sera ravie quand-même, car elle l'aime tellement. Le fait est qu'elle est si submergée par l'intensité de son amour qu'elle ne peut imaginer qu'il puisse y en avoir de plus fort.

Elle ne sait vraiment pas de quelle manière elle l'aime. Comme un ami ? Comme un amant ? Comme un oncle ? Comme un père ? Elle se perd et se confond en essayant de répondre. Mais, pourquoi est-elle obligée de définir comment elle l'aime ? Elle est amoureuse de lui et basta ! Cela était imprévisible. Les choses auxquelles on s'attend le moins sont les plus belles.

Il lui demanda un jour :

— « Ma petite, viens-tu du Ciel ou de l'Enfer ? Tu es un ange très certainement.

— Je ne viens ni de l'un ni de l'autre. Je viens de la mer, tout comme toi. Je ne suis pas un ange. J'essaie seulement de sentir la Lumière divine en mon âme et de la faire rayonner autant que je peux. Cette Lumière se trouve en toute âme. »

Elle n'osa pas avouer que lorsqu'elle était enfant, elle était convaincue d'être une prophétesse, comme la petite fille dans le film « Persepolis ». Son comportement n'était pas digne d'une prophétesse tout le temps, mais désormais elle est déterminée à faire autant de bien que possible autour d'elle. Rien d'autre n'importe dans la vie. Et l'une des bonnes actions qu'elle compte accomplir est de transformer l'automne du vieil homme en été indien.

Grâce à lui, sa vie parisienne solitaire a pris un goût frais de bleu doux. Elle a aussi découvert la couleur de son âme qui est bleue, bien sûr. Il n'y a aucun doute qu'il soit son âme sœur. Elle a toujours rêvé d'épouser l'homme qui le serait. Mais maintenant, elle est certaine qu'elle ne le fera pas. Pas dans cette présente vie, en tout cas. Aucune autre âme ne saura être aussi jumelle de la sienne que celle du vieil homme.

Maintenant, ils naviguent ensemble sur le même bateau. La mer a été calme et merveilleuse jusqu'à présent. Ils ignorent leur destination. Ils jouissent simplement de leur voyage, éblouis par la largeur de leur mer.

*

Paris, le 8 mars 2014

« Il y a trois sortes d'hommes : les vivants, les morts, et ceux qui vont sur la mer. » *Aristote*

Hija de la Luz (Fille de la Lumière)

Fuégienne,
Je renaîtrai en Terre de Feu.
En Argentine,
Je grandirai bohémienne.

Je serai pauvre d'argent,
Mais riche d'amour,
Riche de musique,
Riche de poésie.
J'aurai des cheveux sombres,
Et la peau couleur d'ambre,
Pour ne jamais rester à l'ombre,
Et bronzer, autant que je veux, au soleil.
Je porterai une robe vermeille
Qui fera resplendir mon bronzage.
Ils ne devineront jamais mon âge.

Je ne garderai de moi que trois :
Mon sourire radieux malgré la souffrance,

Mon cœur généreux malgré l'indigence,
Et ma voix brûlante de soprane,
Chantant ma vie de gitane.
Je serai une chanteuse populaire.
Valeria Lynch, Gilda,
Tita Merello ou Virginia Tola.
Par ma voix d'or,
Je soulagerai les maux du cœur.
Je serai poétesse comme la Pizarnik.
Je m'appellerai Alejandra, Hija de la Luz.
Je serai bailarina de tango.
Quand je passerai à la Boca,
Je m'exalterai devant ces demeures
Aux ravissantes couleurs,
Et je m'exclamerai :
« Ay ! Qué lindo, che ! »
J'aurai une impression
De déjà vu, de déjà vécu.
Mais qui dira à cette simple gitane
Qu'elle y était en Mouflon la Tunisienne ?

Je me vengerai alors
De toutes les injustices
Subies dans cette vie.
Il y en aura d'autres aussi,
Qui risquent d'être
Pires, celles-ci.
Je m'occuperai
De ces iniquités
Dans d'autres vies.

Mourir, je n'en ai pas peur.
J'en ai même hâte !
Pour aller retrouver
L'Alejandra que j'ai créée.
J'ai tout planifié pour elle.
Je lui ai même trouvé
Une belle âme pour compagnon.
Un garçon sensible, profond,
Et d'esprit assez charmant.
Qui l'aimera et prendra soin d'elle.
Je leur ai arrangé un rendez-vous
Aux chutes d'Iguazu.
Ce garçon, je l'ai sommé
D'aller la chercher sur un cheval blanc
Et d'être alors jeune et beau pour elle.
Je lui ai promis trois enfants d'elle.
Dans une même ritournelle,
Ils seront deux gouttes de pleurs.
Ils iront se sécher à la mer.
Ensemble ils parcourront la terre.
Ils seront deux grands voyageurs.
Leurs empreintes traceront
Leur chemin, leur destin.
Mais, si ce garçon
Oublie ces instructions,
Tant pis pour lui !
Le temps ne pardonne pas.
Alejandra ne l'attendra pas.
Elle aura un autre amant.

Un Gaucho probablement.
Ainsi va la vie !
Si son prince la veut vraiment,
Il devra encore attendre
Une autre vie
Où qui sait ce qu'elle sera ?
Peut-être un vrai lapin,
Ou un vrai mouflon !
En tout cas, elle essaiera toujours
D'être belle.
D'aimer la Vie.
D'aimer la Lumière.

*

Foz do Iguaçu, le 21 mars 2014

Más hermosa que la luna

Luna hermosa y llena,
Como una reina,
Iluminaba
Una noche oscura.
Un hombre y una mujer
Estaban sentados
Sobre la arena
De la mar en calma.
Pocas olas venían
Mojándoles los pies.
Todo estaba en silencio,
Contemplando la reina.

La mujer rompió el silencio
Y al hombre dijo:
«¿Conoces la leyenda del hijo
De la luna traviesa?
Hay otra historia de una santa,
Que vio una pintura
De una chica rubia

De rojo vestida,
Y pidió a la luna
Que le diera
Una niña rubia.
La luna era
Más generosa
De lo esperado
Y le dio hasta
Una nieta
De pelo de oro.
Esta santa
Es mi abuela.»
Él le contestó:
«Me encanta.
Eres más hermosa
Que la luna.»

Una brisa fresca
Llevando un olor
De cereza
Le recordó a la dama
Algo bonito.
«Este perfume me recuerda
A los jardines japoneses.
¿Sabes que estuve en Japón?
Con una Geisha jugué
A Konpira Fune Fune.»
Él le respondió:

«Me encanta.
Eres más hermosa
Que la luna.»

El cielo empezó a llorar.
Las gotas de lluvia
Humectándoles los rostros.
Ella le dijo:
«Siempre llueve
En el Iguazu.
Si no es el cielo,
Son las cataratas.
¿Sabes que son
Las más anchas del mundo?»
Él le sonrió:
«Me encanta.
Eres más hermosa
Que la luna.
Tengo hambre.
¿Bailamos princesa?»

Había música linda.
Se abrazaban
Y bailaban
Un tango apasionado,
Sobre la arena húmeda ,
Bajo la lluvia.
Las ramas de los árboles
Eran violines.

La lluvia un pianista.
La luna la maestra
De esta orquestra.

Él le dijo:
«Tengo sed.
Voy a bañarme
En la mar.»
Lo miró sorprendida:
«¿Estás loco?
Es invierno.
Te vas a poner enfermo.»
Él le acarició la cara:
«No te preocupes.
Estoy acostumbrado.
Me gusta el fuego frío.
Dime, princesa
Una cosa preciosa
Antes de que me vaya.»
Sin vacilar, le susurró:
«¡Te amo!»
La besó y le dijo:
«Encantado.
Yo también te quiero.»

Se fue en la mar.
Ella se quedó
Debajo de un árbol
Esperándolo.

Estaba mirando
A su sombra
Y pensando:
¡Qué hombre extraño!
¡Qué hombre bravo!
¡Qué hombre tan romántico!
¿La escuchaba
Cuando ella le hablaba?
No estaba segura.
Pero lo amaba.

De repente nació
Una borrasca violenta.
Llovió torrencialmente.
Las olas se ponían gigantes.
El viento sopló con rabia.
Una tormenta furiosa
Se estaba librando.
Ella lo perdió de vista
Y se puso asustada.
Ni siquiera podía
Acercarse a la mar
Para buscarlo.
De celos y de enojo
La luna se reía de ella.
La pobre mujer gritaba:
«¡Luna traviesa!
¡Devuélveme mi amor!»
La luna se reía aún más de su dolor.
La mujer oyó una voz diciéndole:

«Princesa, dime una cosa linda
Antes de que me muera».
Fue él.
Ella corrió
Llorando y gritando:
«¿Dónde estás?
¡Te amo! ¡Te amo! ¡Te amo!»

Se despertó por la mañana
Todo estaba tranquilo ahora.
No había ninguna tormenta.
La mar estaba calma de nuevo.
Ella estaba acostada
Sobre la arena,
Debajo del árbol,
Protegida de la brisa marina,
Entre sus brazos.
Él dormía todavía.
Ella podía sentir su aliento
Y su corazón latiendo.
Fue un mal sueño.
Tenía todavía lágrimas
Fluyendo sobre sus mejillas.
Vió una luna pequeña y fugitiva
Sonriendóle en un cielo azul.

*

Rio de Janeiro, el 26 de marzo de 2014

Plus belle que la lune

Lune belle et pleine,
Comme une reine,
Illuminait
Une nuit obscure.
Un homme et une femme
Etaient assis
Sur le sable fin
D'une mer calme.
Quelques vagues venaient
Leur mouiller les pieds.
Tout observait le silence
Et contemplait la reine.

La femme rompit le silence
Et dit à l'homme :
« Tu connais la légende
Du fils de la lune méchante ?
Il y a une autre histoire d'une sainte,
Qui vit une peinture
D'une fillette blonde

De rouge vêtue.
Elle demanda à la lune
De lui donner
Une fille blonde.
La lune était
Plus généreuse
Qu'espéré,
Et la dota même
D'une petite fille
Aux cheveux dorés.
Cette sainte
Est ma grand-mère. »
Il lui répondit :
« J'en suis ravi.
Tu es plus belle
Que la lune ».

Une brise fraîche
Portant une odeur
De cerise
Rappela à la dame
Quelque chose de beau.
« Ce parfum me rappelle
Les jardins japonais.
Sais-tu que j'ai été au Japon ?
Avec une Geisha j'ai joué
A Konpira Fune Fune. »
Il lui répliqua :

« J'en suis ravi.
Tu es plus belle
Que la lune ».

Le ciel commença à pleurer.
Les gouttes de pluie
Leur humectaient les visages.
Elle lui dit :
« Il pleut toujours
À Iguazu.
Si ce n'est le ciel,
Ce sont les chutes.
Sais-tu qu'elles sont
Les plus larges au monde ? »
Il lui sourit :
« J'en suis ravi.
Tu es plus belle
Que la lune.
J'ai faim.
M'accordes-tu cette danse ? »

Il y avait une belle musique.
Ils s'enlaçaient et dansaient
Un tango passionné,
Sur le sable mouillé,
Sous la pluie.
Les branches des arbres
Étaient des violons.
La pluie jouait au piano.

La lune était le maestro
De cet orchestre.

Il lui dit :
« J'ai soif.
Je vais me baigner
Dans la mer. »
Elle le regarda étonnée :
« Tu es fou.
C'est l'hiver.
Tu vas tomber malade. »
Il lui caressa la figure :
« Ne t'inquiète pas.
Je suis habitué.
Le feu froid me plaît.
Dis-moi, ma princesse,
Quelque chose de beau
Avant que je ne m'en aille. »
Sans hésiter, elle lui murmura :
« Je t'aime ! »
Il l'embrassa et lui dit :
« Charmé et ravi.
Je t'aime aussi. »

Il s'en alla à la mer.
Elle resta à l'attendre
Sous un arbre.
Elle regardait son ombre
Qui se baignait

Et pensait :
Quel homme étrange !
Quel homme brave !
Quel homme romantique !
L'écoutait-il vraiment
Quand elle lui parlait ?
Elle n'en était pas sûre.
Mais elle l'aimait.

Soudain naquit
Un orage violent.
Il pleuvait à torrents.
Les vagues devinrent géantes.
Le vent soufflait avec rage.
Une tempête furieuse
S'était libérée.
Elle le perdit de vue
Et était toute paniquée.
Elle ne pouvait même plus
S'approcher de la mer
Pour le chercher.
De jalousie et de colère
La lune se riait d'elle.
La pauvre femme criait :
« Lune maléfique !
Rends-moi mon amour ! »
La lune se moquait d'elle
De plus en plus
Et riait de sa douleur.
La femme entendit une voix lui dire :

« Princesse, dis-moi quelque chose de beau
Avant que je ne meure. »
C'était lui.
Elle courait
Pleurant et criant :
« Où es-tu ?
Je t'aime ! Je t'aime ! Je t'aime ! »

Elle se réveilla au petit matin.
Tout était tranquille à présent.
Il n'y avait aucune tempête.
La mer était calme de nouveau.
Elle était allongée sur le sable,
Sous l'arbre,
Protégée de la brise maritime,
Entre ses bras.
Il dormait encore.
Elle pouvait sentir son souffle
Et le battement de son cœur.
C'était un cauchemar.
Elle avait encore des larmes
Coulant sur ses joues.
Elle vit une petite lune fugitive,
Dans le ciel bleu, lui souriant.

Haïku

ô la lune danse
à la surface de l'eau
~ reflet mélodieux

*

Rio de Janeiro, le 26 mars 2014

Première rencontre

Elle l'a attendu.
Il est enfin venu.
À sa vue,
Elle tremble d'émoi.
Leurs yeux se rencontrent
Pour la première fois.

Tant de choses à se dire !
Tant d'histoires à se raconter !
Mais ils restent cloués, muets,
Et continuent à se regarder,
Oubliant le temps,
Le lieu et les gens.

Elle est la première à se ressaisir.
Elle se met à parler de tout,
Et de n'importe quoi.
Elle cherche des blagues
Pour le faire rire.

Elle lui pose des questions
Auxquelles il répond
Brièvement.
Il parle comme il écrit.
Elle aussi.
Mais son bavardage
Ne manque pas d'esprit.
Elle le prend par la main
Et l'emmène visiter Paris.

Le ciel est gris,
Avec de timides éclaircies.
Mais dans leurs cœurs,
Il y a un soleil d'été
Qui les rend gais.

Dans le quartier magnifique
De la Butte aux Cailles où elle vit,
Elle lui montre les ruelles typiques
De pavé revêtu de petites pierres,
L'église où elle fait ses prières,
Les bons restaurants pas chers.
Ensuite, ils se désaltèrent
De l'eau de la fontaine
À la place Paul Verlaine.
Et s'en vont à la rue Mouffetard,
Se fondre dans le grand bazar,
Et humer les senteurs
D'ici et d'ailleurs.

Elle achète deux grandes crêpes
À la place de la Contre-Escarpe,
Pour lui du Bordeaux,
Et pour elle de l'eau,
En guise de déjeuner.
Ils vont plus tard pique-niquer.

Ils prennent un café
Au quartier latin.
Ils ne discutent de rien.
Elle est la seule à parler.
Il continue à la regarder.
Elle regarde ailleurs,
Mais sent toujours
Son regard insistant.
Elle fait semblant
De ne rien sentir.
De ne rien entendre.
Elle le fait souffrir,
En répondant à son feu
Par de la cendre.

Ils arrivent au Panthéon.
Leurs âmes exaltées
S'inclinent avec respect
Devant celles des grands,
Habitant le monument.

Ils passent devant la Sorbonne,
Font un tour chez les libraires
Du boulevard Saint-Michel,
Et s'arrêtent sur le pont,
Face à la cathédrale,
Pour contempler la Seine
Coulant indéfiniment.

L'heure de manger.
Au jardin du Luxembourg,
Ils s'assoient sur la pelouse,
Non loin du palais.

Elle ne cesse de parler.
Il ne cesse de la regarder,
De ses yeux, l'air de dire,
Tu es belle, rien d'autre
Ne m'intéresse.

Enfin, elle se tait.
Et daigne le regarder.
Elle voit dans ses yeux,
Le reflet de son propre feu.
D'embarras et de plaisir,
Elle ne sait plus que dire,
Se contente de sourire,

Et ne peut s'empêcher de rougir.
Sur ses joues éclosent
Deux jolies roses.
Là, il ne peut plus se contenir.
Il est saisi
D'une folle envie
De les cueillir.

Ses mains se prolongent en pinces.
Elle rit, fuit et crie,
Déchirant le calme du jardin.
Par la taille, il la tient.
L'eau se mêle au vin.
Il la chatouille pour lui dérober
D'autres rires éclatants.
Ils roulent et s'enroulent
Allègrement, innocemment,
Comme deux enfants,
Faisant fi des gens.
De toute façon,
Paris a constamment
Protégé ses amants.
Comment s'aiment-ils autant,
Sans s'être rencontrés auparavant ?

Soudain, elle se dessoûle.
Et se retrouve seule.
Tout était parfait.
Car elle avait

Tout inventé.
Il a dit qu'il viendrait.
Elle l'attendra à jamais.

*

Paris, le 7 avril 2014

La Cumparsita
(Le tango)

Sur une musique de feu,
Deux amoureux
Dansant par
Mouvements langoureux.

Jambes légères
Sans arrêt tournoyant.
Pieds ne faisant
Que vibrer la terre.

Mains, tantôt se tenant,
Tantôt en caresses
Partant.
Regards sans cesse
Se fixant,
Ne baissant
Que pour déguster
Une douleur sucrée.

Lèvres se rapprochant
Comme pour entamer
Un délicieux baiser
Qui ne sera jamais.

Corps se cherchant,
S'évitant.
Se collant,
Se frôlant,
Frémissant,
Transpirant.
Dégageant
Un parfum enivrant.
Courbes convergeant
Vers l'absolu,
Tendant vers l'infini,
Puis divergeant.

Désir attisé.
Sans être satisfait.
Il mourrait
S'il était assouvi.
Qu'on le garde en vie !
Qu'y a-t-il de plus beau
Que l'amour en tango ?

Haïku

leurs lèvres mouillées
se rapprochent dans l'ombre
~ baiser enflammé

*

Paris, le 9 avril 2014

Melancolía

Una gota de rocío,
Se desprende de un lago,
Corre por mis mejillas,
Humedece mis labios,
Me acaricia la barbilla,
Y cae en el fuego
Donde nació
Para apaciguarlo.

*

Paris, el 13 de abril de 2014

Mélancolie

Une goutte de rosée
Se détache d'un lac,
Ruisselle sur mes joues,
Humecte mes lèvres,
Me caresse le menton,
Et tombe sur le feu
Où elle est née
Pour l'apaiser.

Haïku

une sécheresse
courbe et fane la douce fleur
∼ douloureuse absence

*

Paris, le 13 avril 2014

Echos d'âmes

Lui :

« Souffle une présence
Dans ces étendues.
Le sais-tu ?
Tout parle
À la ronde.

Hume-la !
Accueille. »

Elle :

Oui, je la sens.
Cette présence,
Qui, comme du vent,
Souffle dans mes plaines.

Qui, comme du sang,
Coule dans mes veines.
Cette présence,
Qui m'enchante et me ravit.
Ton absence,
Qui me hante et m'emplit.

Je l'ai bien accueillie.

Lui :

« Avec ce bleu,
Tout parle
Même un frisson.
Printemps, que fais-tu
De moi ? »

Elle :

Cœur noyé
Dans ce bleu
Déchaîné.

Automne, que fais-tu
De moi?

Haïku

un frisson gelé
entre en moi sans mon congé
~ une ombre de toi

*

Paris, le 13 avril 2014

Ecris

Promets-tu de m'écrire ?
Jusqu'à la fin de nos jours,
M'écrire ?

Penser à moi avant de t'endormir,
Et puis me le dire ?
Pas besoin de belles phrases longues.
Un seul mot, un « tu me manques »
Peut me suffire.
Le moindre de tes signes
Me fait plaisir.

Promets-tu de dater ma vie
Par tes écrits ?

Si tu nages dans le bonheur,
Puis-je entendre ton rire ?
En dépit de ta douleur,

Me confieras-tu tes soupirs ?
Si tu es en colère,
Me feras-tu part de ton ire ?
Si tu as peur,
Me confesseras-tu tes délires ?
Et même si tu n'as rien à dire,
Tu peux m'écrire.

Tes mots non-écrits
Sont mes ennemis.
Flottant tels des esprits
Dans mon propre esprit.
Hantant mon âme
Tels des fantômes.
Perturbant ma tranquillité.
La seule manière de les exorciser
Est que tu m'écrives.

Je t'en supplie !
Ne parle pas !
Ecris.

*

Paris, le 19 avril 2014

Union

Union est
Quand la lune descend
S'abreuver de la mer.
Quand le firmament
Embrasse la terre.
Quand le vent
Etreint les bruyères.

Union est
Quand le bourdon
Butine la fleur.
Quand tes poumons
S'emplissent d'air.
Quand ma peau sent
Et exhale ton odeur.

Union d'êtres
Et d'éléments.

*

Paris, le 25 avril 2014

Piège d'amour

« Et moi qui pensais au début
Que ces vers étaient tiens !
On dirait toi qui parles.
Je les ai relus.
Ils te siéent bien. »
« Je ne suis pas un larron.
J'ai ma fierté et ma dignité.
Mon butin c'est les lèvres assoiffées
D'amour et de volupté.
Comme je voudrais siroter
Un délicieux café
De ta bouche miellée !
Je suis érodé, ravagé,
Par ta beauté ! »

Elle avait beau être
Belle, sensuelle.
Peut-être le détruisait-elle
Par son charme.
Mais il usait d'une autre arme.

Il était un fin poète.
Un maître des mots.
Mots qui la troublaient
Et pénétraient son âme
Comme du bon vin.

C'est alors qu'elle se souvint
Des paroles de la chanson
« Mon amant de Saint-Jean ».
Comment ne pas perdre la tête,
Ecoutant ces mots audacieux ?
Car l'on croit toujours
Aux doux mots d'amour
Sortant de la bouche
D'un poète.

Piégée comme une mouche
Dans la toile de sa poésie,
Elle espérait devenir son égérie.
Au péril d'y laisser sa propre vie.

*

Paris, le 28 avril 2014

Le poète et la nymphe

Quand la nuit tombait, il descendait de la montagne et venait s'évader à la plage où il y avait de belles nymphes parfumées. Il se plaisait à humer leurs fragrances sucrées, mélangées à la fraîcheur maritime salée. Ces effluves l'enivraient et lui montaient à la tête. Il se délectait de la présence des femmes. La beauté et la douceur féminines le réjouissaient. Pour son âme de poète qui venait se recueillir dans ce temple, chacune de leurs paroles était de l'eau bénite, chaque partie de leurs corps était une relique sacrée. Il vénérait Dieu à travers ces magnifiques créatures féminines.

Il les contemplait, dessinait leurs portraits et composait des vers célébrant leur beauté. Il y avait parmi elles une jeune nymphe poétesse, une âme sensible et solitaire. Il venait souvent auprès d'elle et lui offrait des odes et des chants. Elle, qui était d'habitude dure avec les hommes, était touchée par la délicatesse de ses propos et la finesse de ses éloges. Avec le temps, ils furent tous deux atteints par Cupidon. Ils se désaltéraient sans relâche du philtre de la passion. Mais leur soif était insatiable constamment.

Elle ne lui demandait jamais s'il aimait d'autres nymphes, car elle osait et devait aussi croire qu'elle était unique et

supérieure. Par ailleurs, elle savait qu'on ne pouvait empê-
cher un amour. Elle connaissait, en outre, la nature infidèle
des hommes et leur faiblesse vis-à-vis des charmes féminins.
Certes, la jalousie est un sentiment indissociable de l'amour,
inéluctable quand on aime. La tragédie dans l'amour est que
l'on veut habiter seul dans le cœur de l'être aimé. En effet,
la jalousie est un sentiment de possession. La jeune nymphe
aimait son poète, et ne pouvait donc éviter une certaine ja-
lousie. D'ailleurs, elle l'apostrophait souvent par des noms
précédés d'adjectifs possessifs. Cependant, elle préférait lut-
ter contre ce sentiment qu'elle considérait puéril, en se per-
suadant qu'elle était la meilleure de toutes, la plus subtile, la
plus intelligente. Elle préférait donc nourrir de l'orgueil que
de succomber aux folies jalouses. De surcroît, si elle croisait
une nouvelle belle nymphe, elle n'hésitait pas à la lui mon-
trer, voire à louer elle-même sa beauté. Elle cherchait à lui
faire plaisir. C'était sa manière de l'aimer.

Elle appréciait sa compagnie, permettait ses fantasmago-
ries et le laissait se défouler en écrivant sur le sable tous les
mots qu'il voulait. Elle savait que la vie en montagne était
austère et difficile à éprouver pour un poète. Fatigué, il s'al-
longeait face à la mer, la tête posée sur les genoux de la
jeune nymphe. Cette dernière le consolait, lui caressait les
cheveux, et l'embrassait sur le front, comme si elle choyait
son propre enfant. L'amour maternel et celui d'une femme
pour son amant se confondent aisément. Et l'homme aime
bien que sa bien-aimée le traite comme un enfant. Cela le
fait remonter dans le temps, et lui rappelle l'affection de sa
maman.

Il écrivait de jolis mots envoûtants pour ses belles sur le
sable du rivage ; mots que venait bientôt emporter une mer

attentionnée, gardienne de tous les secrets. Dévasté par le regret de devoir écrire des mots délébiles, il mourait d'envie de les retrouver, de les relire, de les savourer. Mais il ne le pouvait. Seulement, il ignorait que ceux destinés à la jeune nymphe étaient précieusement gardés. Elle les transformait en vers retentissant de vérité et de beauté. Ces mots effacés par la mer étaient rendus éternels, immortalisés par des poèmes contant leur amour exceptionnel en ces temps de médiocrité.

Peu avant l'aube, il revenait à sa demeure dans la montagne où il n'avait droit d'aimer qu'une seule femme, celle qui partageait sa couche ; comme si un sentiment aussi sain et naturel que l'amour pouvait et devait être contrôlé. Il rejoignait cette montagne où vivaient des gens lâches et hypocrites, qui bridaient et codifiaient leurs sentiments. Ils se réfugiaient dans des illusions de morale qu'ils avaient eux-mêmes inventée, pour pouvoir vivre ensemble et se supporter.

*

Paris, le 29 avril 2014

Couleurs de poésie

Il lui dit :

L'impétuosité
De la jeunesse
Est un fervent brasier.
Telle la flamme d'un flambeau
Répandant sa blancheur,
Elle est capable d'éclairer
Le plus sombre des terriers.

La morosité
De la vieillesse
Porte le fardeau
De longues années.
C'est une cheminée
Où avait naguère brûlé
Ce feu de la même ardeur.
Après qu'il s'est éteint,
Il n'a laissé que noirceur.

Ta blancheur pétillante
Et ma noirceur dormante,
Ensemble réunies,
Donneront un champ gris.
Une nuance de poésie.
Deux pans de vie.

Elle lui répondit :

Mon tendre ami,
Cela me semble bien tragique.
Pensons à quelque chose
De plus gai,
De féerique,
De magique !
Le bleu de ta mer
S'unira
Au jaune de ma lumière
Pour produire un arbre vert.
Emblème de la vie sur terre.
Que dis-tu de ce mélange de couleurs ?

Oublie ta lassitude, ta torpeur.
Viens, prends ma main !
Composons ensemble de beaux vers !

*

Paris, le 30 avril 2014

Jalousie

Soudain, elle blêmit
En lisant la poésie
Qu'il avait écrite
Pour une autre.

Elle, qui se croyait
Au dessus de toute jalousie,
La voilà goûtant à ses affres.
Son âme en agonie.

C'était bien son erreur.
Elle n'aurait jamais dû
S'éprendre d'un séducteur.
Un beau parleur.
Un subtil menteur.

Il lui disait des mots
Qu'elle savourait

Comme du miel.
Il lui répétait
Qu'elle était pour lui
Un cadeau du Ciel.
Qu'elle était son égérie.
Et le voilà vite séduit
Par une belle femme
Aux yeux d'azur
Pour qui il a composé
De jolis psaumes.
Quelle niaise !
Il fallait se méfier
De ce genre d'hommes.

Malgré la rancœur,
Malgré l'envie,
Elle admire l'œuvre d'art
Voire l'applaudit.
Pensant à tous les écrits
Qu'elle a engendrés pour lui,
Celui-ci compris,
De son propre sang,
De sa propre âme.
Quel sentiment infâme
Qu'est la jalousie !

*

Paris, le 1ᵉʳ mai 2014

Amar en la mar

De noche, en la mar,
Dos cuerpos se abrazan,
Haciendo el amor.
Sienten fuego y calor,
Sobre un lecho de agua fría,
Entre almohadas de olas.

La luna está mirándolos.
De su luz iluminándolos.
Las nubes casi lloraban
De tanta admiración.
Los pájaros se callaban
De tanta emoción.

¿Qué nacerá
De esta unión?
De tanta belleza
En plena naturaleza.
¿Quién reclamará

La fruta para la adopción?
¿El cielo, la mar o la luna?

*

Paris, el 03 de mayo de 2014

Aimer dans la mer

La nuit, dans la mer,
Deux corps s'enlacent,
Faisant l'amour.
Ils sentent feu et chaleur,
Sur un lit d'eau froide,
Entre des oreillers de vagues.

La lune les regarde,
Et les éclaire de sa lumière.
Les nuées ont failli pleurer
De tant d'admiration.
Les oiseaux se sont tus
De tant d'émotion.

Que naîtra de cette union ?
De tant de beauté en pleine nature.

Qui réclamera le fruit pour l'adoption ?
Le ciel, la lune ou la mer ?

*

Paris, le 3 mai 2014

Serment d'amour

Je jure par cette automne,
Evoquée dans ces beaux vers
De Guillaume Apollinaire.

Automne où j'eus l'heur
Et le bonheur de te rencontrer.
Automne qui nous avait emmenés
Bien loin de ce monde,
Au bord d'une mer
N'existant que dans nos cœurs.

Je jure par cette automne
Que je t'aime
A en trembler de toute mon âme.

Et n'oublie jamais
Que je serai à l'heure,
Au pied de ces eaux puissantes

Dévalant sur les frontières.
Et que je t'attendrai.

*

Paris, le 4 mai 2014

« J'ai cueilli ce brin de bruyère
L'automne est morte souviens-t'en
Nous ne nous verrons plus sur terre
Odeur du temps brin de bruyère
Et souviens-toi que je t'attends »

Guillaume Apollinaire, « L'Adieu »

Extremos de amor

Él le dijo que se sentía triste cada vez que estaba con ella. ¿Cómo puede ser que un amor engendre tristeza? ¿Es porque él la desea y no puede tenerla? No, ella no cree que sea éste el verdadero motivo. Sin embargo, está segura de que es el mismo motivo que le hace sentir en ella un dulce dolor, cuando está sola y piensa en él. Lo ama tanto que le duele. Le duele dentro de sí misma, como si hubiera un cuerpo extraño en su interior, como si estuviera embarazada. ¿Estaría embarazada de él? ¡Dios, si esto es cierto, sería la nueva Virgen!

Pero ya se ha acostumbrado a este dolor que es como una fiebre azul envolviendo su ser. No quiere un médico. Porque no hay nadie que pueda curar esta enfermedad de amor. Ella sufre en silencio. Su embarazo no dura mucho tiempo. Pero siempre se renueva. Y en cada parto nace un lindo bebé que revuelve los corazones. Ella está cansada de tener estas inspiraciones y de dar a luz a tantos niños, que le toman una parte de su alma. Está realmente cansada, pero profundamente encantada.

Ella espera que él nunca sienta este dolor. Porque no está segura de que un hombre sea capaz de soportar tal pasión.

Una vez creyó que él podía sentir el mismo dolor así que le pidió perdón, porque ella no quiere que él sufra por su culpa. Él la tranquilizó diciéndole que él estaba feliz con ella. Este dulce dolor la ahoga en un mar tormentoso de emociones y ella se deja llevar por sus olas. Ella ríe y también llora. En el pasado, ella había probado varias veces el sabor amargo del dolor. Este dolor que mata todas las emociones. Te sumerge en la ausencia de todo placer. Te echa a la nada. Pierdes el apetito, el sueño, la sonrisa, el llanto y el brillo en los ojos. Tu intelecto se vuelve más lento. Sólo quieres morir. Es horrible. Sí, la primavera conoció días negros. La noche puede ser demasiado larga. Pero el momento más oscuro de la noche es justo antes del amanecer. No sólo hay que esperar y creer en este amanecer, pero también hay que ir a buscarlo en el fondo de su alma adormecida. Mientras hay vida, hay esperanza. Y después, de cada caída en la nada, ella se da cuenta del valor y también de la fragilidad de la vida. Por eso cuando vuelve a sentir y amar de nuevo, lo hace con todas sus fuerzas.

Él le confesó que iba a estar celoso de su futuro esposo. Pero él ignora que ya le robó a este pobre hombre todo el corazón de su futura mujer. Ella no cree que pueda haber un amor más grande que el que siente por él. Tal vez ella se equivoque pensando así ya que la vida está llena de sorpresas. De todas maneras, ella no piensa más en su matrimonio con el mismo entusiasmo que antes. Está enamorada de él y satisfecha con su vida solitaria. Él está al otro lado del mediterráneo, empero vive en ella. Cada noche, ella duerme entre sus brazos, apretando su rosario en su mano. Y todos los días espera su llamada roja, como si fuera una llamada para la oración. Al igual que una monja, ella se dedica a este amor. ¡Cómo le gusta tener niños de él, con él, para él! Y sin él, su vida no tiene más sentido. Él se convirtió en el aire que ella necesita para respirar. Tiene una joya, como una cruz, para recordarle su Pasión. Esta joya es un corazón de un azul tan profundo como la mar de su amor, que cuelga en su pecho salpicado de lunares.

Usando las palabras de André Gide, él le dijo una vez que los extremos la tocaban. En ese momento, ella no entendió lo que él quería decir. Pero ahora comprende muy bien. ¿Qué es esto sino amor? ¿Un delirio? ¿Una locura? ¿Una obsesión? ¡Sea lo que sea! Es muy hermoso. Dios plantó este sentimiento como un árbol que tiene sus raíces en su corazón, y llena su ser de frescor y de azul.

*

Paris, el 17 de mayo de 2014

Extrêmes d'amour

Il lui a dit qu'il se sentait triste à chaque fois qu'il était avec elle. Comment est-il possible qu'un amour puisse engendrer de la tristesse ? Est-ce parce qu'il la désire et ne peut l'avoir ? Non, elle ne croit pas que ce soit la vraie raison. Néanmoins, elle est sûre que c'est la même raison qui lui fait sentir en elle une douleur douce quand elle est seule et pense à lui. Elle l'aime tellement que cela lui fait mal. Elle sent une douleur à l'intérieur d'elle-même, comme s'il y avait un corps étranger dans ses entrailles, comme si elle était enceinte. Serait-elle enceinte de lui ? Dieu, si cela est vrai, elle serait la nouvelle Vierge !

Mais elle s'est habituée à cette douleur qui est comme une fièvre bleue enveloppant son être. Elle ne veut pas de médecin. Parce qu'il n'y a personne pour guérir cette maladie d'amour. Elle souffre en silence. Sa grossesse ne dure pas longtemps. Mais elle se renouvelle constamment. Et à chaque accouchement naît un joli bébé qui remue les cœurs. Elle est fatiguée d'avoir ces inspirations et de mettre au monde autant d'enfants qui lui prennent une partie de son âme. Elle est vraiment fatiguée, mais profondément enchantée.

Elle espère qu'il ne goûtera jamais à cette douleur. Parce qu'elle ne sait pas si un homme serait capable de supporter une telle passion. Une fois, elle a cru qu'il pouvait éprouver la même douleur et lui a demandé pardon, parce qu'elle ne veut pas qu'il souffre à cause d'elle. Il l'a rassurée en lui disant qu'il était heureux avec elle. Cette douleur douce la noie dans une mer agitée d'émotions. Elle se laisse emporter par ses vagues. Elle rit et pleure aussi. Dans le passé, elle avait essayé la douleur amère, plus d'une fois. Cette douleur qui tue toutes les émotions. Elle te plonge dans l'absence de tout plaisir. Elle te jette dans le néant. Tu perds l'appétit, le sommeil, le sourire, les pleurs et l'éclat dans les yeux. Ton intellect devient plus lent. Tu veux seulement mourir. C'est affreux. Oui, le printemps a connu des jours bien noirs. La nuit peut être trop longue. Mais le moment le plus sombre de la nuit vient juste avant l'aurore. Non seulement il faut espérer et croire en cette aurore, mais on se doit d'aller la chercher au fond de son âme engourdie. Tant qu'il y a de la vie, il y a de l'espoir. Et après chaque chute dans le néant, elle se rend compte de la valeur et aussi de la fragilité de la vie. C'est pour cela que, quand elle revient à pouvoir sentir et aimer de nouveau, elle le fait avec toutes ses forces.

Il lui a avoué qu'il allait être jaloux de son futur époux. Cependant, il ignore qu'il a dérobé à ce pauvre homme tout le cœur de sa future femme. Elle ne croit pas qu'il puisse y avoir un amour plus grand que celui qu'elle lui porte. Peut-être se trompe-t-elle en pensant ainsi, car la vie est pleine de surprises. Mais de toute façon, elle ne pense plus à son mariage avec le même enthousiasme qu'avant. Elle est amoureuse de lui et satisfaite de sa vie solitaire. Il se trouve de l'autre côté de la Méditerranée, pourtant il vit en elle. Chaque nuit, elle s'endort entre ses bras, serrant son chapelet dans sa main. Et tous les jours, elle attend son appel rouge, comme si c'était un appel à la prière. Comme une religieuse, elle se dévoue à cet amour. Comme cela lui plaît d'avoir des enfants de lui, avec lui, pour lui ! Et sans lui, sa vie n'a plus de sens. Il est devenu l'air qu'elle a besoin de respirer. Elle possède un bijou, en guise de croix, pour lui rappeler sa Passion. Ce bijou est un cœur d'un bleu aussi profond que la mer de son amour, pendant sur sa poitrine parsemée de grains de beauté.

Employant les mots d'André Gide, il lui a dit une fois que les extrêmes la touchaient. A ce moment-là, elle n'entendait pas ce qu'il voulait dire. Mais maintenant, elle comprend très bien. Qu'est-ce cela donc si ce n'est de l'amour ? Un délire ? Une folie ? Une obsession ? Quoi qu'il en soit ! C'est très beau. Dieu a planté ce sentiment tel un arbre enraciné dans son cœur, emplissant son être de fraîcheur et de bleu.

*

Paris, le 17 mai 2014

La comète bleue

Il y a dans mon cœur
Une comète bleue.
Elle éclate, décoche ses fragments,
Et fuse
Toute brûlante dans mon sang.
Mais je suis clémente avec elle.
Je lui dis :
Continue à me détruire !
Tu fais tout mon bonheur.

*

Paris, le 22 mai 2014

Inspiré de « L'oiseau bleu », de Charles Bukowski

Table

Aux Éditions Tsémah
http://www.tsemah.fr/

« Ma lime – Mémoires d'un outilleur », *Pierre Matherat*, seconde édition, 2012.

« Exode », *Pierre Matherat*, 2013.

« Le nain », *Olivier Fournout*, 2014.

« L'amour aux temps du web », *Arwa Ben Dhia*, 2014.

"Tsémah" est le mot hébreu pour "plante". Il fait allusion à la croissance de la plante, à son élévation vers le haut et, à l'opposé, à la concentration dans la graine. Il fait aussi allusion à l'enfant, à la joie, et à la transmission, de génération en génération.

Illustrations de la couverture et de la page 94 : Ting An
Composition : Philippe Matherat

Imprimé via `lulu.com` *(USA)*
Publié le : 25 juin 2014
Dépôt légal : juin 2014

104 pages